Cuatro ardillitas

Joan Thompson
Ilustrado por Doug Roy

®**HAMPTON-BROWN**
Quien sabe dos lenguas vale por dos.®

Un lindo día de mayo, cuatro
ardillitas agradables deciden ir a la
playa a desayunar.

Una prepara un pollo.
Otra hace panecillos.
Otra recoge cerezas.
Y otra corta un gran pedazo de queso.
—Ñam, ñam —dicen—. Esta comida
va a quedar requetesabrosa.

3

Cuatro ardillitas agradables
empacan la canasta.
Una pone el pollo.
Otra pone los panecillos.
Otra pone las cerezas.
Y otra pone el queso.
—Nos vamos —dicen.

Cuatro ardillitas agradables
corren a la playa.
Se les cae el pollo.
Se les caen los panecillos.
Se les caen las cerezas.
Se les cae el queso.
¡Qué barbaridad! No se dan cuenta.

Cuatro zorros golosos vuelven
a su casa.

Uno ve el pollo.

Otro ve los panecillos.

Otro ve las cerezas.

Y otro ve el queso.

—¡Requetesabroso! —dicen.

Cuatro zorros golosos recogen el desayuno.
Uno recoge el pollo.
Otro recoge los panecillos.
Otro recoge las cerezas.
Y otro recoge el queso.
—¡Buen provecho! —dicen—. ¡A comer!

Cuatro ardillitas agradables
desempacan la canasta. Descubren
que el desayuno ya no está.

—Desapareció el pollo.

—Desaparecieron los panecillos.

—Desaparecieron las cerezas.

—Desapareció el queso.

—¿Qué pasó? —dicen.

　　Cuatro ardillitas desilusionadas
descubren a los zorros.
　　Uno come pollo.
　　Otro come panecillos.
　　Otro come cerezas.
　　Y el otro come queso.
　　—¡Oigan! —reclaman las ardillas—.
¡Devuelvan esa comida ahora mismito!

Ocho animales desagradables
pelean por la comida.

—Es mío —reclama un zorro.

—No lo es —dice una ardilla.

—Dame eso —pide un zorro.

—Devuélvemelo —grita una ardilla.

—Suelta eso —protesta un zorro.

—Ni por nada —chilla una ardilla.

—¡Qué desaire! —exclama un zorro.

—¡Qué atrevido! —responde una ardilla.

En eso aparece Pepe, el policía.

—Basta, zorros. Basta ardillas.

¡Qué lío! Hay que resolver este
problema ahora mismo.

Cuatro ardillas desagradables y cuatro zorros desilusionados se ponen a pensar.

Un zorro dice: —Descubrimos el desayuno.

Una ardilla dice: —Perdimos el desayuno.

Un zorro dice: —Nosotros lo queremos.

Una ardilla dice: —Nosotras también.

Un zorro dice: —Tenemos hambre.

Una ardilla dice: —Nosotras también.

Entonces a una
ardillita se le ocurre una idea.
    Dice:—Pues no hay problema.
¡Hay bastante para todos!

15

Cuatro ardillitas agradables y
cuatro zorros requetefelices se sientan
a comer. Dicen:

—Pasa el pollo, por favor.

—Pasa los panecillos.

—Pasa las cerezas, por favor.

—Pasa el queso.

—Gracias, zorro.

—Gracias, ardillita.

Y: —No hay de qué.